U0047449

這本書屬於：

名　　字：..

神聖動物：..

（在大自然中）最喜愛的地方：...................................

你在地球上的地理座標：　　　　如果撿到這本書，請郵寄或回收：

＿＿°＿＿'＿＿'**N**
＿＿°＿＿'＿＿'**W**

右手食指指紋：　　　　　　　地址和其他說明：

....

....

....

....

....

當你運用這本書時，請注意安全、尊敬自然與鄉間法則，除了足跡，不留下任何東西。

INTO NATURE

Mindful ways
to unplug and reconnect

走進自然

滋養身心的正念幸福手冊

正念計畫 The Mindfulness Project

歐騰・圖同、亞里珊卓・凡瑞——著
Autumn Totton & Alexandra Frey

林貞嫻——譯

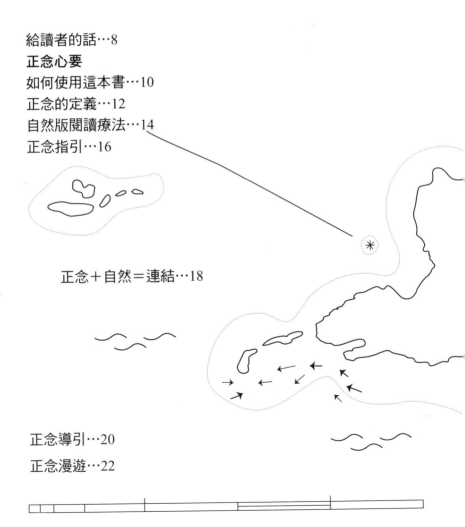

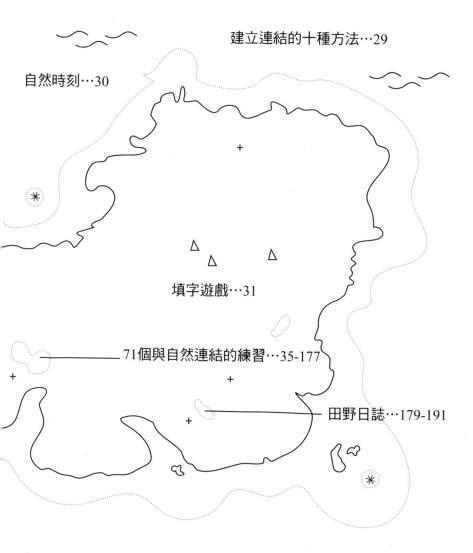

71個與自然連結的練習

完成後在這裡做記號

給讀者的話

恭喜想要重新與自然連結的你！當你試圖用正念的方式探索自然時，請讓這本書成為你的嚮導、日誌和靈感來源。在這趟自然旅程中，正念將是你的護照，你不需要遠行，「自然」就在這裡，在我們身邊，只要我們放緩步調、喚醒感官與心靈，去關注並接近它。

只要花一點時間仰望天空，讓風拂過臉龐，或是聆聽窗外的鳥語……即使是短暫的片刻，都能讓我們的感官與這些微小奧妙的自然建立連結，提醒我們自己本來就是自然的一分子。這裡可以讓我們找到心靈的平靜，並提供我們真正需要的靈魂療癒。

書中一系列的練習可以協助你用不費力的方式尋找自然，但為了讓你能夠真正沉浸在自然中，你也會看到一些架構和一些遠程漫遊的邀請。切斷與各種裝置的連結、與自己重新連結將變成一種常態——這是最明智的追求，也是最終極的奢侈。你不必成為一個「戶外運動」迷（我們當然都不是），你只需要順著本性，待在讓你感到自在的地方，坐在草地上、穿越森林、眺望海洋——從你已知的自然開始，然後持續探索。

運用正念在每個時刻保持清明、連結你的呼吸，當你注意傾聽時，自然本身就是一位淵博的教師，可以教導我們如何保持平靜、如何茁壯、如何順其自然，以及如何處在當下讓生活以更具包容性的方式展開。

希望你享受這趟旅程，以及所有珍貴的時刻，並感受正念的自然連結所提供的驚奇。

正念漫遊愉快，多多保重，野孩子。

:) 正念計畫作者

正念心要

如何使用這本書

這是一本精心設計的田野指南，讓你可以用好玩且充滿創意的方式去探索並連結自然。書中的內容包含了進入野外漫遊的介紹，以及能幫助你隨時隨地連結自然的練習。

以下是一些如何使用這本書的建議：

1. 「正念心要」部分（10-33頁）包含了一些重要的訣竅與準則。

2. 當從事這些練習，或者在戶外進行探索時，請將「正念指引」（16頁）的內容牢記在心。

3. 沒有必要依照特定順序完成練習。

4. 你可以調整練習的內容，讓它更適合你。

5. 有些練習可以多做幾次。

6. 規劃「正念漫遊」（參閱22頁）並利用「田野日誌」（179-191頁）去記錄你的觀察。

在這些頁面填上你沿路的發現及洞察，紀錄方式可以是任何能夠
啟發你的形式。

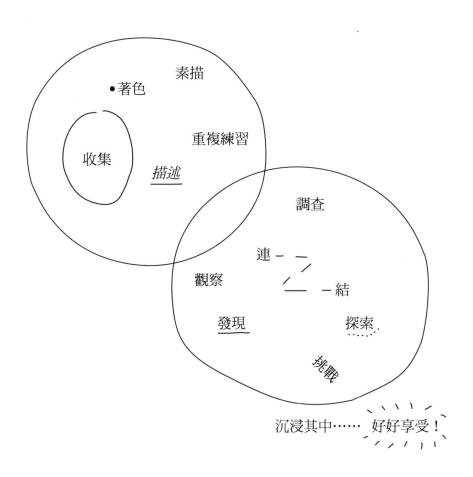

正念的定義

正念

正念是以一種寬容且不帶評價的態度，將注意力放在我們的內在與外在世界。運用我們所有的感官去連結當下經驗，避免迷失在思考中或習慣性地分心，可以藉由禪修進行訓練，但也可以隨時隨地練習。

正念的自然連結

運用正念的技巧及原則去接觸自然環境，只要喚醒我們的感官，不用刻意去特別的地方，也不需要理解在認知層次發生的每件事，只要讓自己單純地處在自然中，連結它所喚起的驚奇感受。

這些（在室內或戶外）與自然連結的練習，都將使你變得更健康、更幸福。

相關概念
— 生態治療
— 自然療法
— 生態心理學*
(ECO-PSYCHOLOGY)

*OIKOS = 家／**PSYCHE** = 靈魂／**LOGOS** = 知識

「要知道地球是靈魂的歸處。」
——*約翰・席德與蒂娜・菲爾德*
（*John Seed and Tina Fields*）

自然版
閱讀療法

我們很容易就忘了詩人、探險家、作家及哲學家早在幾世紀前就已經寫下許多與自然連結有關的作品，請將這些具啟發性的讀物放在你的書架中。

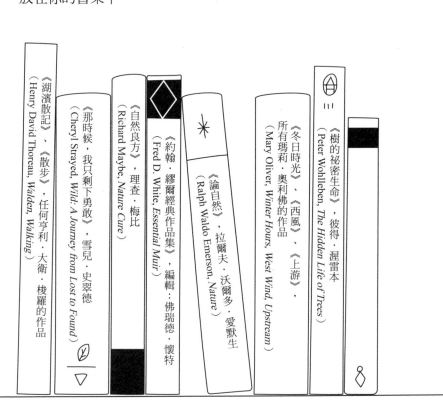

《湖濱散記》、《散步》，任何亨利·大衛·梭羅的作品
（Henry David Thoreau, *Walden, Walking*）

《那時候，我只剩下勇敢》，雪兒·史翠德
（Cheryl Strayed, *Wild: A Journey from Lost to Found*）

《自然良方》，理查·梅比
（Richard Maybe, *Nature Cure*）

《約翰·繆爾經典作品集》，編輯：佛瑞德·懷特
（Fred D. White, *Essential Muir*）

《論自然》，拉爾夫·沃爾多·愛默生
（Ralph Waldo Emerson, *Nature*）

《冬日時光》、《西風》、《上游》，所有瑪莉·奧利佛的作品
（Mary Oliver, *Winter Hours, West Wind, Upstream*）

《樹的祕密生命》，彼得·渥雷本
（Peter Wohlleben, *The Hidden Life of Trees*）

在這裡加上更多你喜歡的書

《自然療法》，佛羅倫絲・威廉斯
（Florence Williams, *The Nature Fix*）

《與自然同在》，安迪・麥吉尼
（Andy McGeeney, *With Nature in Mind*）

《自然解剖書》，
茱莉亞・羅思曼
（Julia Rothman,
Nature Anatomy）

《荒野覺醒》，馬克・柯爾曼
（Mark Coleman, *Awake in the Wild*）

《愛上自然》，伊娃・賽哈博和艾倫・羅根
（Eva Selhub and Alan Logan, *Your Brain on Nature*）

《失去山林的孩子》，理查・洛夫
（Richard Louv, *Last Child in the Woods*）

正念指引

正念的自然連結是一種經驗性的概念，這裡有一些原則，可以幫助你在嘗試這本書的練習或探索周遭自然環境時，找到自己的方法。

1. 以身體為錨點

永遠將你的身體當成你的基地。只要運用將注意力轉向你的身體和呼吸感覺等簡單方法，就能在任何特定時刻凝聚你的注意力，當你在連結自然的當下或之前，都可以練習這件事，使你自己穩定下來，你的感官正是接收一切的入口（亦可見第20頁〈導引〉）。

2. 保持好奇

以開放的心態探索自然。當我們認定早已熟知一件事情的時候，我們通常會快速略過，但即使是熟悉的事物，也能讓人感到驚喜，只要你保持開放心態去發掘。請試著以好奇的態度去經歷每一項練習與每一次的邂逅。

3. 處在當下

如果你還不太習慣，花時間待在大自然也可能會讓你覺得浪費時間，除非你正在前往某處的路上。你需要練習放慢腳步以及練習處在當下的自然環境中。

4. 順其自然

當我們在體驗自然時，自然的狀態可能不見得都是我們喜歡的樣貌（例如：天氣、景色、氣味），要練習認可並接受事物本來的樣子。

5. 用心體會

連結自然時，並不需要尋找答案或理解所有事情，只需要讓自然向你展現它自己，以一種經驗性的方式，向你提供一種不同的認識形式。

6. 信任

相信你的直覺與內在智慧。認識互相連結的事物以及你在這些事物當中的狀態——此時此地……此事……

7. 照顧自己

當你與自然接觸時，感覺安全與舒適非常重要，你的基本需求必須被優先考量。確保你自己不會著涼並有充足的食物、水、墊子、毛毯和必要的資訊。知道你的極限且善待你自己。

8. 不強求

連結自然雖然有時意義深遠且趣味盎然，但請試著不要執著於這樣的結果。並不是每次都會感覺良好，這不能強求。我們能做的就是展現出可以包容任何經驗並與之共處的態度，這將使一切截然不同。

9. 承諾

承諾將定期拜訪自然當作一種自我照顧的行動，且保證會尊重及愛護自然。

10. 感受驚奇

深思每一件事的神奇，品味每個短暫瞬間的不凡與震撼。

正念＋自然＝連結

身體是我們探索內在與外在世界的媒介，當你接觸外在的自然時，運用正念去覺察內在的思想、情緒及感受。

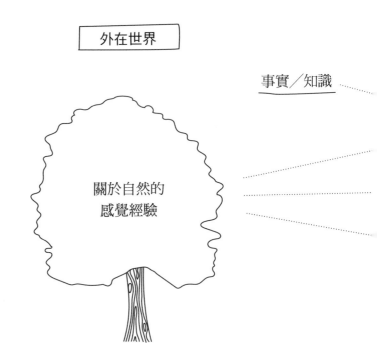

外在世界

事實／知識

關於自然的
感覺經驗

內在世界

思緒

情緒

驚奇之心

感受

＊透過正念接觸自然時，經常會感受到散發著愛與連結感的驚奇，這將創造出真正的奇蹟時刻。

正念導引

當你探索自然時，把你的身體當成基地，導引從身體凝聚的注意力。試著感覺它，如同它在你的體內時，你感覺到的那樣——站立的雙腳、流動的呼吸和雙手知覺。接著也可以練習讓你的注意力在內在和外在之間移轉。

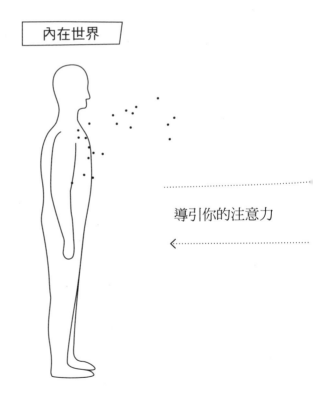

內在世界

導引你的注意力

透過感官掃描並理解你所處的外部環境，將之與你的身體重新連結，不斷反覆，看看你能否掌握要領，利用意識支配一切。

外在世界

正念漫遊

為了能夠真正進入自然，你需要出門並且花一些時間待在野外。當你開始探索人跡罕至的小徑時，請利用這個架構作為你的正念連結嚮導。

允諾：
允許你自己暫時停止工作，關掉各種電子裝置，然後投入自然並與之共處。

目的：
在你投身戶外的期間，你的目的是要連結周圍環境與內在經驗，並與之同在。請成為自己內在與外在世界的觀察者和田野調查員。

注意力：
重整你在自然感覺經驗方面的注意力——嗅覺、視覺和知覺。當你的心智開始漫遊，難免都會這樣，溫和地將你的注意力帶回你的身體或注意的目標。

態度：
記得要遵照「指示牌」的指示，請將正念的特質，例如好奇、包容和不評價的意識等帶入你與自然相處的時光中——這些意義深遠且充滿洞見的時刻將使你的經驗更加豐富。

當地的公園、國家公園或開放的步道都可以，計畫一些行程並好好走上一天。

在這裡列出你的漫遊清單：

....

....

....

....

....

....

....

....

P.S. 你不用走太遠，就從你在的地方開始，自然就在你家門外：）

遵循接下來幾頁所提示的框架，在漫遊的路上真正與自然連結，並利用這本書後面的「田野筆記」來記錄你的漫遊和感受。

保持好奇

看（10分鐘） 找一個稍微偏離你原本行程的地方，去看看周圍環境。先花一點時間看看你的四周──透過你的眼睛觀看一切：顏色、陰影、動態、生機等；然後對各種事物展開近距離的探索──用你全部的注意力，去觀察每個小細節。

聞（10分鐘） 當你繼續前進時，將注意力轉向你的嗅覺，聞一聞空氣的味道；聞一聞樹葉、樹、泥土，還有花卉，如果你發現它們，享受它們所帶來香氣和感覺。

品嚐（30分鐘──吃午餐／點心） 在一個舒服的地方停下來，享用你的午餐或零食，好好品嚐味道並培養感恩的心，感謝這些食物為了讓你獲取各種養分所做的貢獻。

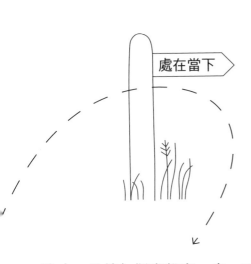

處在當下

裝備清單／備忘錄：

坐墊
日晷
雨傘
保暖夾克
水
零食
毯子
防曬油
x關掉手機
x丟開書本

聽（10分鐘） 探索聲音。坐一下，閉上眼睛，只聽聲音。看你能否用整個身體去聽，試著放鬆，只接收聲音，拋開關於聲音的標籤和成見，讓它們將你淹沒，在聲音與聲音之間的寂靜休息。

順其自然

禁用
手機

觸摸（10分鐘） 稍微脫離路徑，找個地方去探索你的觸覺，在這裡花十分鐘去感覺每樣東西，將注意力放在你與物體表面接觸的點。有時或許可以閉上眼睛，真正做到只靠觸覺去感受；當你的心智飄離時，溫和地將它帶回到你的感覺。

水（**30分鐘**）坐下來進行水元素冥想，思索水滋養自然的各種方式，思考水如何存在於各種生物當中，包含你的身體。如果可以坐在某個水域附近，就這麼做吧！觀察水的特性與動靜。當你靜坐時，運用你的經驗去體會，感覺水從你的身體通過。

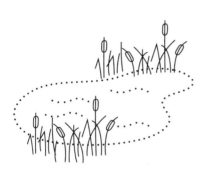

土（**30分鐘**）在我們的腳下聚集著最忠實的朋友。找一個舒服的地方，坐在地上，讓你的背緊靠著樹，思考所有由土壤所滋養的生物，以及讓各種花草樹木生長的沃土。不只這裡，在任何地方，土壤都哺育著我們，為我們工作，還為我們提供棲身之所。

→ **空氣（30分鐘）**空氣是最難以捉摸的元素，在我們體內或周圍都能見到它的蹤跡：只要觀察風如何吹過高大的牧草或枝葉繁茂的樹梢；感受空氣撫摩你的肌膚或在你呼吸的身體中遊走；留意空氣如何傳遞遠方的聲音與氣息。

用心體會

信任、感知、好奇

火／太陽（30分鐘）思索這個重要的元素如何讓我們利用能量、獲得溫暖、種植食物，日以繼夜地照亮我們，讓我們得以對抗寒冷。留意它在此時此刻的各種運作方式。

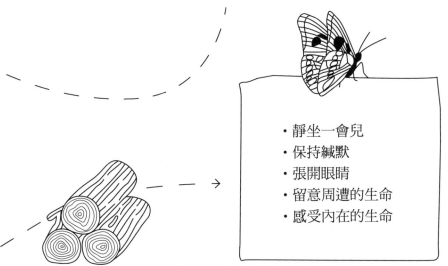

- 靜坐一會兒
- 保持緘默
- 張開眼睛
- 留意周遭的生命
- 感受內在的生命

靈感來自蘇格蘭的瑪格麗特・科爾（Margaret Kerr）

「休息不是偷懶，
而是偶爾在夏日時節躺在有樹蔭的草地，
或是去傾聽水的呢喃，
或是看著雲朵從藍色的天空飄過，
休息絕不是浪費時間。」
——*約翰・盧伯克（John Lubbock）*

建立連結的
十種方法

剪下或撕下這一頁*，將它貼在牆上、放入你的錢包、拍照並與他人分享。

1. 出門去觀察身邊的自然。

2. 至少花五分鐘冥想──關注你的身體和呼吸。

3. 照顧你的室內植物或花園。

4. 跟寵物進行連結──自己或鄰居的寵物都好。

5. 深入思考各種產品的來源和回收利用。

6. 吃全食物並仔細品嚐。

7. 仰望天空──不論白天還是晚上。

8. 與天氣連結──吹過臉頰的風、落在屋頂的雨滴。

9. 練習感謝自然所提供的一切。

10. 與樹連結、聆聽鳥鳴。

*關掉所有電子裝置，盡可能與自然連結。

自然時刻

有時候我們需要刻意地努力，去停下我們正在做的事，才能進入真正與自然連結時刻，不論是在散步的過程中或是進行每天例行的事務，下列的訣竅可以幫助你擁有豐富的「自然時刻」（**Na**ture **Mo**nent）。

1. 停止、暫停、靜止、*呼吸*。
2. 運用所有的感官去感受圍繞你的自然環境。
3. 留意這件事帶給你的內在感受。
4. 感覺你的雙腳踩在地上，感覺此時此地的自己。
5. 不斷持續。

填字遊戲

「樹林中有兩條岔路，而我……
我踏上了人煙罕至的那一條，
於是後來的一切都不再一樣。」
　　——羅伯特・佛洛斯特（*Robert Frost*）

完成這個的填字遊戲，它代表各種分歧的念頭……

縱向

1. _____-_____ Disorder. 由理查‧洛夫在2005年提出的概念，反映了因為與自然世界失去連結所付出健康代價。

3. _____ 來自工作、資訊以及人為的感官刺激。

5. 開頭是「dis」，結尾是「d」。感覺失去了關聯。

7. On the verge of a _____. 當蠟燭的火焰消失。

9. ____ in thought. 處在當下的相反。

11. 顏色，同時也是一種情緒：____。

橫向

2. Take a _____-_____ day, 當你切斷與各種電子裝置的連結，並重新與自己和周遭的世界建立連結。

4. "The Sound of _____"：賽門與葛芬柯（Simon & Garfunkel）1964年的歌曲。

6. 形容詞，意指「抑制成長、健康、幸福等必要的需求。」

8. 內心感到平和或是處在放鬆的狀態。

10. _____ the world around you，像好奇的小孩那樣。

12. Words of _____.自然能提供並喚醒你內在的這個部分。

13. 以不評價的方式理解我們的內在與外在世界：_____。

14.沿著你前來的方向往回走的動作：__-___。

71個與自然連結
的練習

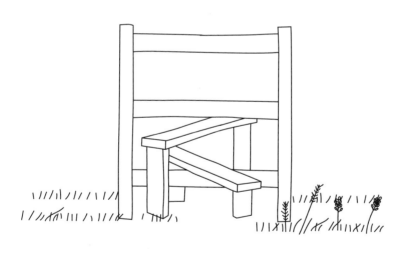

跟隨

我們幾乎很少注意到動物都有自己的生活。跟隨一隻蜜蜂、一隻小蟲或一隻蝴蝶，觀察牠們生命中的某些片段，並記下你的發現。

筆記

自然神龕

在你的家中選一個角落,設置一座自然神龕。每天一次,坐在那裡讓自己置身在自然之中。

建議

可能的位置:客廳、臥室的角落……
舒適小物:坐墊、椅子、毯子、枕頭、地毯、地墊……
道具:花灑、花瓶、火柴、筆記本……
靈感來源:松香蠟燭、枯葉、樹皮、石頭、你喜歡的風景照、鮮花、室內植物、乾燥香草……

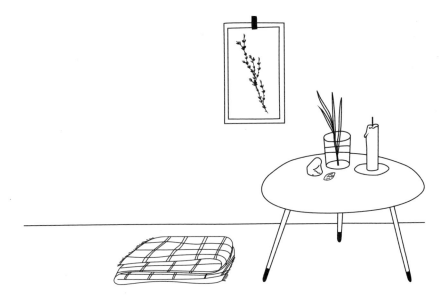

家中自然神龕的相片或素描

尋寶遊戲

到哪裡都不要忘了去發掘這些自然的寶物，當你把這些寶物收進你的自然神龕時，記得在清單上打勾。

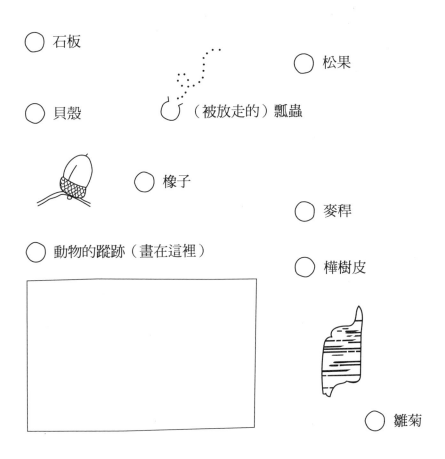

◯ 石板

◯ 松果

◯ 貝殼 （被放走的）瓢蟲

◯ 橡子

◯ 麥稈

◯ 動物的蹤跡（畫在這裡）

◯ 樺樹皮

◯ 雛菊

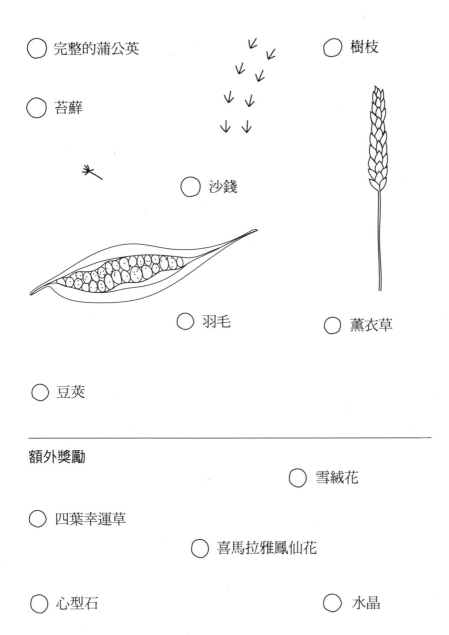

◯ 完整的蒲公英

◯ 樹枝

◯ 苔蘚

◯ 沙錢

◯ 羽毛

◯ 薰衣草

◯ 豆莢

額外獎勵

◯ 雪絨花

◯ 四葉幸運草

◯ 喜馬拉雅鳳仙花

◯ 心型石

◯ 水晶

繪製地圖

去一個讓你能夠享受大自然的地方／區域（或是你想認識的新地點），像是公園或者更野外的地方。

樹林		花卉	
山岳		藏身處	
河流／小溪		觀景台	
原野		動物蹤跡	
步道		建築物	
沙灘		冥想地點	
道路		岩石	
動物觀測		湖泊	

為這個區域製作一份地圖，可以運用上面的圖示或用你自己發明的符號，包含：樹、溪流、建築物、觀景台、藏身處、野生動物、花卉、能讓你產生靈感的場所以及其他任何你注意到的美好事物。

植物陪伴禪修

如果有一盆室內植物是你目前最接近自然的方式，那也很好呢！

找一個舒適的地方和你的室內植物坐在一起。

閉上眼睛，去感受呼氣和吐氣時的感覺。如果你的心智開始神遊太虛也別擔心，只要溫柔地將心帶回到呼吸即可。

現在，張開你的眼睛。

看著這盆植物，它的顏色、葉子的形狀。從各種角度看它。

接著試著用你的雙手去探索這盆植物。觸摸它的葉子，它的土壤。

現在，聞一聞土壤，然後搓揉並聞一聞葉子。

對你的植物進行冥想，思考它如何神奇地只靠花盆內有限的土壤就能生長；思考它正在這裡與你分享空間和空氣；另外或許也該感謝它帶給你喜樂與療癒的力量。

畫出聲音

在戶外的自然環境中找一個地方坐下來，聽周圍的聲音。這些聲音可能來自小鳥、樹葉摩娑、草叢中的蟋蟀、從你頭上飛過的飛機或說話聲……

在這裡畫下每一種聲音，並加上標籤。

早晨的林鴿

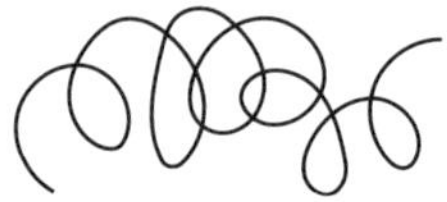

單車騎士

烏鴉叫

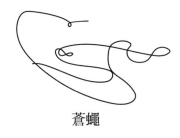

蒼蠅

在不同地方重複這個練習，每當練習告一段落時，就閉上你的眼睛，靜坐五分鐘……沐浴在自然的樂音中。

＊腳注

大自然中可以發現許多不同的表面：草、岩石、樹葉、泥土、沙子和……水！

脫掉你的鞋子，細心注意地走在這些表面上——放慢你的步伐。

感覺如何……

……在你的腳步之下是否有彎曲的小草？

……在你腳趾間有泥土嗎？

……你有將腳埋在沙子裡嗎？

……有踩踏過乾燥的樹葉嗎？

……你有將腳浸泡在溪流或海浪中嗎？

……有用腳趾攀在一塊岩石的表面嗎？

羽毛朋友

認識生長在附近的鳥類，為其中一些製作檔案，注意牠們的顏色、特徵、叫聲（錄下來）和其他有趣的資訊。

鴿子

名稱：
顏色：灰、白、粉紅
叫聲：布嚕嚕、布嚕嚕、布嚕嚕
有趣的資訊：他們過去經常被用來傳遞遠方的消息

暱稱：寶梅拉

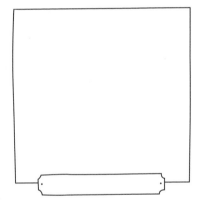

顏色：

叫聲：
有趣的資訊：

暱稱：

「欲來鳥者先樹木，木茂而鳥集」
　　　　——老子

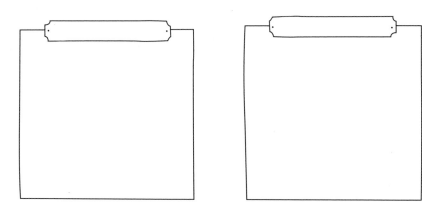

顏色：

叫聲：
有趣的資訊：

暱稱：

顏色：

叫聲：
有趣的資訊：

暱稱：

天性＋培養

將兩顆種子種在兩個不同的花盆裡。兩盆都要提供足夠的水分、光照及營養；但每天一次：

對其中一盆，只提供基本的照顧，並將它放在容易被忽視的地方。

對另一盆給予關愛──用輕柔的聲音對它說話，細心呵護它、對它笑或者對它放一段音樂。

會發生甚麼事？

樣本1

樣本2

種植種子的小技巧：

第一步
先將種子在水中浸泡數個小時。

第二步
在花盆中裝滿培養土。

第三步
種一些種子，種植深度約為種子大小的三倍。

第四步
將花盆放在有陽光照射的地方，並在土開始變乾的時候澆水。

流雲

抬頭看天空並留意雲的狀態，他們動得很快還是飄得很慢呢？

挑選出對你說話的白雲並且專心注視它。當你跟雲保持連結時記得呼吸，並隨著它橫跨天際。它的形狀改變了嗎？它加速或變慢了嗎？

最後，畫下你的雲。每次做這個練習時，就畫上另一朵雲，直到這個頁面填滿為止。

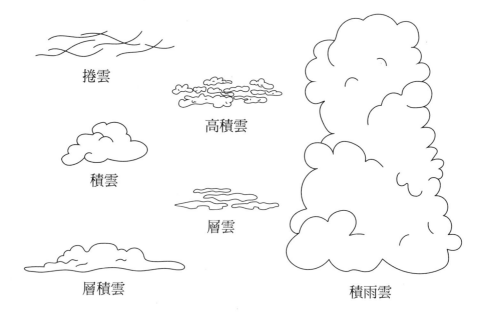

捲雲

高積雲

積雲

層雲

層積雲

積雨雲

在工作中感受自然

有研究指出，即使是一張照片或一個自然的擺飾，都能對我們的心智狀態帶來正向的影響並提升專注力。

在右邊的方框中畫上自然景物，或替這個框加上裝飾並放入你最喜歡的風景照，然後將它剪下，吊掛在你工作的地方。

記得偶爾停下來、呼吸、置身在風景中。

翻到右頁的背面，可以看到更多在工作中發現自然的方式。

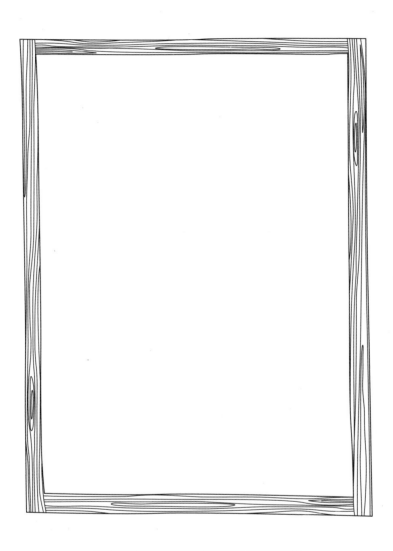

你可以在任何地方感到平靜。
為何不是此時此地？

十種在工作中連結自然的方式

☑ 掛一張你最喜歡的風景照。

◯ 讓你的螢幕保護程式輪播自然景色。

◯ 至少放一盆植物在你的桌上。

◯ 手邊放一瓶薰衣草或松香之類的精油。

◯ 拉開窗簾並／或打開窗戶引進外面的陽光和
景物。

◯ 用耳機聽自然的聲音。

◯ 擺設你的寵物照或最喜歡的動物照片。

◯ 好好休息，到外面走走（不帶電話）。

◯ 傾聽你的身體以及它提供的線索。

◯ 呼吸，捕捉每個當下。

「春有百花秋有月，夏有涼風冬有雪，
若無閒事掛心頭，便是人間好時節。」
——無門慧開

連連看

慢慢連結各點，每次移動到下一點時都要配合呼吸。

春有百花

夏有涼風

秋有月

1 • 10 •

2 • • 3

4 • • 5

6 • • 7

8 • • 9

冬有雪

1 •

3 •

2 •

4 •

5 •

7 • 9 •

6 • 8 •

若無閒事掛心頭

1 • 2 • 3 • 4 • 5 •

6 • # 便是人間好時節

歌德綠

從頁面頂端到下方的<u>虛線</u>之間都塗上日光黃。

從頁面底部到上方的<u>波狀線條</u>之間都塗上海洋藍。

「如果兩種基本的顏色完美均衡地混和，
沒有任何一色蓋過另外一色，
眼睛和大腦會將兩者結合的部分，理解成一種單純的色彩，
這個色彩會為視覺經驗帶來清晰的愉快印象，
讓觀察者既不希望也沒有能力去想像超越它的狀態。」
——*約翰‧沃夫岡‧馮‧歌德（Johann Wolfgang von Goethe）*

自然綠

在方格中填入其他自然常見的色調變化，這邊有一些例子：

海泡石

蘆筍

開心果

長尾鸚鵡

海藻

松木

壁虎

花卉探測器

花卉的樣貌千變萬化，有些是你所在的地方的特有種，沒有工具能幫你找到它們，你自己就是花卉探測器。

當你忙著做自己的事的時候，也別忘了要沿路尋找花朵。下面列出的每種顏色類別，看看你是否都能至少找到一種。畫下每一朵花的素描，並在下方加上標籤。

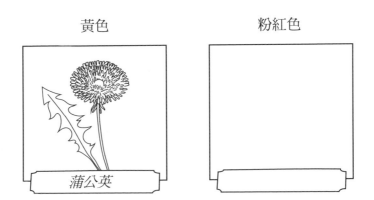

黃色　　　　　　　　　粉紅色

蒲公英

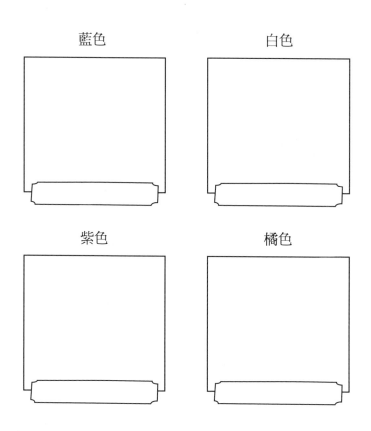

藍色

白色

紫色

橘色

「我會在路邊看到紫色的小花，當每天往鎮上走的時候。」
塔拉‧布萊克（Tara Brach）引述自穆恁德拉（Munindraji），
關於他為何禪修。

最愛動物檔案

你向來最喜歡的動物是什麼？做一些調查，將這幾頁獻給牠們。

俗名：

....

....

學名：

....

....

NO.1
FAVOURITE

分類： ◯ 哺乳類　◯ 鳥類　◯ 爬蟲類
　　　 ◯ 兩棲類　◯ 魚類　◯ 昆蟲

牠們住在哪裡：

....

他們的壽命多長：　　　　　　平均產下多少後代：
........................年　　　　..

最喜歡的食物：

....

天敵：

....

配偶關係：   頻臨絕種：   牠的叫聲：
◯ 一夫一妻   ◯ 是
◯ 一夫多妻   ◯ 否
◯ 多配偶制   ◯ 易危物種

其他你不知道的關於你最愛動物的資訊：

....

....

最喜歡牠們的理由：

....

牠們讓我覺得：

....

你最喜歡的動物前三名中的另外兩名：

✳ ✳	✳ ✳

友誼花園

選擇三位你真正關心的朋友，為每一位朋友獻上一盆花或植物。
可以是你已經有的植物，也可以買一盆，或是從種子開始種植
（參閱第53頁）。

學習讓植物成長需要什麼，以及呵護它們就像你呵護一段友情一
樣。

將每一盆選中的植物的照片跟你的朋友分享，利用上面的空間，在花盆或在葉子上，紀錄里程碑、美好的記憶和來自每段友情的感謝象徵。（如果植物死掉了，也不用擔心。）

有用的害蟲

地球是眾多生物的家，有些非常奇妙又迷人，有些則是非常嚇人又噁心，其中又以可怕的蜘蛛和黏糊糊的蛞蝓最不受歡迎。

但我們真的認識這些令人毛骨悚然的生物嗎？看看藉由學習他們對世界的貢獻能否讓你從害怕轉變為驚奇。

害蟲：蜘蛛
貢獻：它們可以幫忙控制不受歡迎昆蟲的族群數量，它們吐的絲是現存最強韌的天然纖維。

害蟲：蛞蝓
貢獻：它們是清潔團隊中的一分子，負責將樹葉或植物分解還原成肥沃的土壤。

列出你最不喜歡的害蟲名單，並寫出它們的貢獻。

害蟲：
貢獻：

害蟲：
貢獻：

害蟲：
貢獻：

害蟲：
貢獻：

＊注意這些生物的真實生活，花一點時間觀察它們，與它們相處。

葉子的情緒

植物的心長在葉子上——這些重要的器官負責呼吸以及將陽光轉換成能量。

葉子有各種形狀、大小、質感、氣味，每一種特徵都是為了特別的目的而存在。

特別去觀察樹葉的邊緣可以有哪些變化。

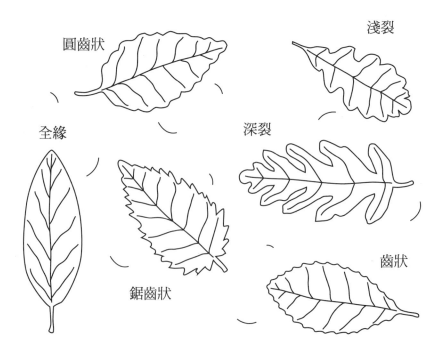

感受邊緣的形狀並在這裡描出輪廓。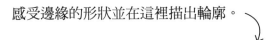

收集樹葉，將它們夾在這本書的頁面中，並進行下一頁的禪修。

葉子禪修

閉上眼睛。

將葉子貼近在你的心臟,感覺當你呼吸時,葉子也是,它也知道怎麼呼吸。

不需要任何指示。
只是呼吸

慢慢張開你的眼睛,仔細看看葉子,溫柔地注視它,探索它的表面、它的葉脈,它的葉柄和邊緣。
只是看

小心地用手指拿著它,觸摸它的紋理,感受指尖傳來的質感。
只是感覺

溫柔的手指前後搓揉,看看葉子是否有味道。
只是聞

再次閉上眼睛,回到你的身體在這一刻的感覺,跟著這片葉子。
只是處在當下

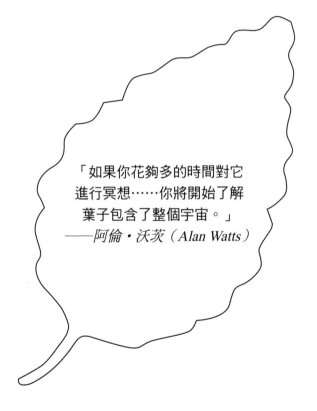

「如果你花夠多的時間對它
進行冥想……你將開始了解
葉子包含了整個宇宙。」
——阿倫・沃茨（Alan Watts）

感受季節

每個季節的到來都讓人覺得又愛又怕，反映了這一年中的經歷中有什麼讓你感到不愉快，還有每一種經驗讓你產生什麼樣的情緒：聽、看、聞、觸摸、品嚐……等感覺。這裡包含了一些點子，畫出你想到的並加上標籤。

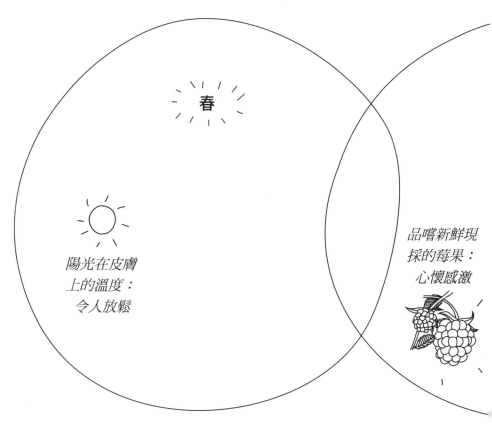

春

陽光在皮膚
上的溫度：
令人放鬆

品嚐新鮮現
採的莓果：
心懷感激

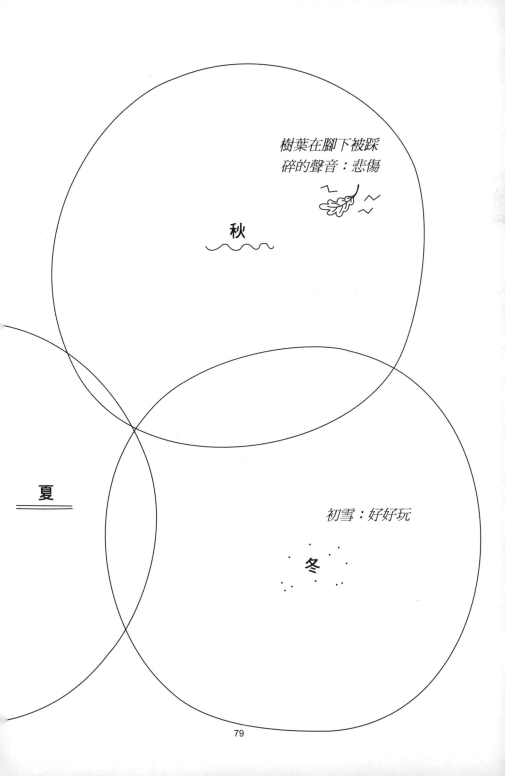

樹葉在腳下被踩
碎的聲音：悲傷

秋

夏

初雪：好好玩

冬

早起的鳥

五月的第一個星期天，前一天提早上床睡覺，然後跟鳥兒同時起床。幫自己泡一杯茶或咖啡，閉上你的眼睛，聽牠們演奏的交響樂。

為什麼在春天的早晨較常聽到鳥在歌唱呢？

a. 公鳥在宣告牠們的繁殖領域。

b. 在這種黯淡的光線中沒有其他的事可以做。

c. 展示身為配偶的潛力。

d. 這個時候比較沒有其他聲音的干擾。

e. 以上皆是。

✳ **額外獎勵**：製作30分鐘的「破曉鳥鳴」錄音，當你需要撫慰靈魂時就拿出來聽。

呼吸樹冠

在一個美好的夏日，躺在樹下，仔細看著樹冠。

當你吸氣時，看一片葉子； 當你吐氣時，再看另一片葉子。

一個呼吸，一片葉子
讓你的注意力在一片片的葉子之間流動。

你的腦袋可能會開始想別的事情。
留意它去的地方。

去⋯⋯做白日夢？⋯⋯鑽牛角尖？
⋯⋯一段記憶？⋯⋯一項計畫？

溫和地回來⋯⋯
去跟樹葉一起呼吸

森林語

更常走進森林，探索與森林有關詞彙。

幫自己找一個**Smultronställe**，當你觀看**Komorebi**，聆聽**Psithurism**時，可以在那裡坐下來，練習**Dadirri**。勾選出每一個在你的漫遊中可以感受到的詞彙。

SHINRIN-YOKU（*日語*）：練習吸入森林的空氣，或者為了健康的「森林浴」。

PSITHURISM（*源自希臘文的英語*）：當風吹過樹木時，樹葉被風吹得沙沙作響的聲音。

SOLIVADGANT（*源自拉丁文的英語*）：獨自漫遊。

KOMOREBI（*日語*）：從樹葉縫隙撒落的陽光，就好像一片光瀑。

KOMOREBI（*日語*）：從樹葉縫隙撒落的陽光，就好像一片光瀑。

CYNEFIN（*威爾斯語*）：棲地──一個讓人覺得像家或感覺自己屬於自然的地方。

YUGEN（*日語*）：一種深刻且難以用言語表達的宇宙意識。

TROUVAILLA（*法語*）：幸運的發現：偶然發現某種可愛的事物。

PETRICHOR（*源自希臘文的英語*）：剛下過雨的泥土地上所散發的氣息。

WALDEINSAMKEIT（*德語*）：在森林中獨自一人的感覺。

SMULTRONSTÄLLE（*瑞典語*）：字面上的意思是「有野草莓的地方」，常被用來形容一個讓你喜歡回去、特別又寧靜的隱居處。

FEUILLEMORT（*源自法文的英語*）：枯葉的顏色。

WABI-SABI（*日語*）：欣賞不完美的美，接受自然和生命的無常。

PORONKUSEMA（*芬蘭語*）：一種測量距離的單位。馴鹿需要休息或排泄之前可以走的距離。（最遠可達7.5公里。）

RUDENEJA（*立陶宛語*）：在秋天對自然的感覺。

DADIRRI（*澳洲原住民語*）：練習「傾聽」自然經驗中的寂靜和沉默。

ACATALEPSY（*源自希臘文的英語*）：不可能了解一切事物的概念。

KAPEL（*俄語*）：從解凍的樹上流下來的水。

WALDESRAUSCHEN（*德語*）：森林的聲音。

葉子地圖

每當你到某個地方旅行時，找一片
特別的葉子，將每一片葉子畫在這
裡的世界地圖，標示出你在哪裡找
到它。將葉子壓乾並收到你的自然
神龕。

凝視花朵

坐在一朵花前面，可在家或在外面任何地方。

看著花朵完美對稱的正面，學習自然的驚奇。真正看著它，或聞聞它，給予這朵花全部的注意力。

單純和這朵花在一起，看著它。　〈······················

對這朵花的想法。　〈······················

對其他事物、空間和時間的想法　〈······················

注意力的三個層次

留意你的心去了哪裡，當它 ⋯ 飄 ⋯ 走 ⋯
溫柔地把心帶回到這朵花。

樹皮拓印

每棵樹獨特的樹皮紋路就像它的指紋，用鉛筆或蠟筆將一些樹幹拓印到這裡。

將這個頁面覆蓋在樹皮上，以足夠的力量擦描，取得它的紋路，然後看它是否跟下面畫出的這幾種不同類型的樹皮一樣。

皮孔	鱗片狀、淺盤狀和直條紋
極為光滑	凹凸紋溝
捲曲脫皮	垂直的裂痕或縫隙

「這些樹是我們能見到最神奇的事物，
不會有什麼比它們更神奇了。」
——拉爾夫・沃爾多・愛默生

進入森林

走入森林，找個地方坐一會兒。讓這一平方公尺大小的地方成為你的一部分，然後待上一個……或許兩個……有時候三個小時。

不用做任何事，只是在那裡。

不需要冥想。

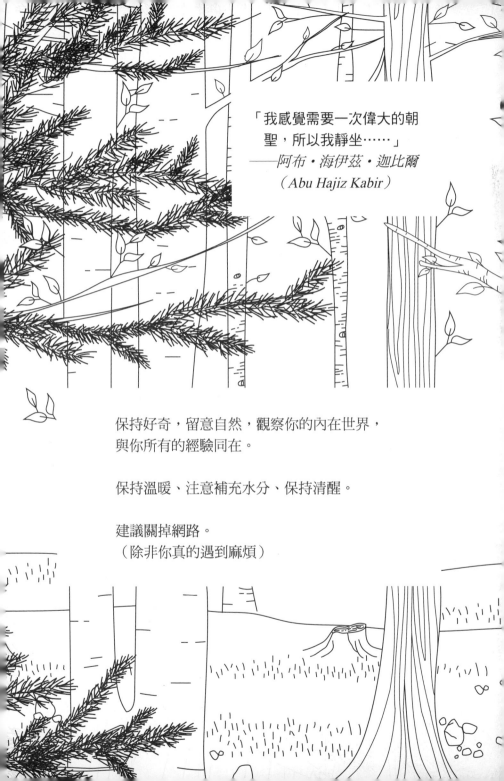

> 「我感覺需要一次偉大的朝
> 聖，所以我靜坐……」
> ——阿布·海伊茲·迦比爾
> （*Abu Hajiz Kabir*）

保持好奇，留意自然，觀察你的內在世界，
與你所有的經驗同在。

保持溫暖、注意補充水分、保持清醒。

建議關掉網路。
（除非你真的遇到麻煩）

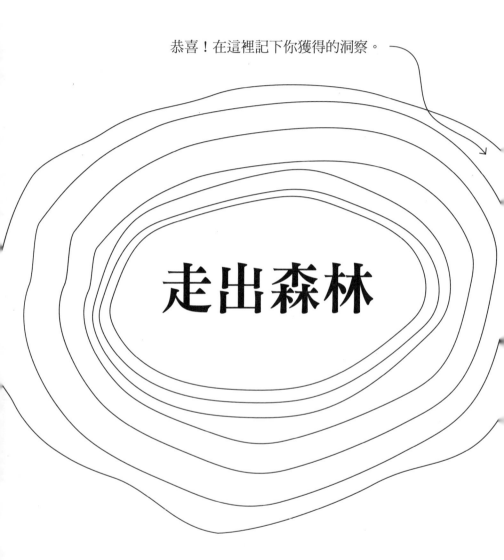

恭喜！在這裡記下你獲得的洞察。

走出森林

動物禪修

閉上眼睛，觀想你最喜歡的動物，想像牠就站在你的前方，看著你，<u>感覺你的動物的存在</u>。

留意當你跟動物在一起時會有什麼樣的內在感受。快樂、平靜或刺激？抓住這個感覺，享受它。

如果感覺不錯，就伸出你的手摸摸這隻動物的皮毛或肌膚，或者靠著牠或抱抱牠。

只要你喜歡就能跟你的動物待在一起，享受牠的存在。

……一旦你準備好，就張開你的眼睛。

放手

秋天的落葉完美地象徵了放手的意涵。但樹葉的掉落並不是因為外力或樹本身的意志。它們只是順其自然,每片樹葉都有屬於它自己的時間。

「放手並不是問題——如果你可以你願意做。
或者我們該說「放下它」而不是「讓它走」。」
——喬．卡巴金(*Jon Kabat-Zinn*)

感覺季節一視同仁的慈悲,替樹葉圖案上色,代表那些在你生命中你想要讓它自由或放下的事物。

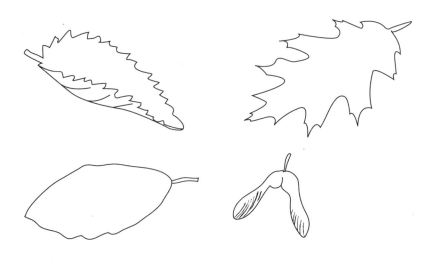

✳ 為它們塗上秋天的色彩

維他命海

在過去的時代，醫生為了治療各種身心的疾病，有時會開立「待在海邊」的醫囑，因為過去認為帶有鹽分的空氣和水具有療效。這裡要給你一分處方籤，做一些海邊的感官治療。

姓名：
_____

海邊治療

用藥指示

- 3 × 浸泡在海水裡面
- 1 × 海邊的日出或日落
- 5組 × 3 吸收海邊空氣的正念呼吸
- ~1 × 塗抹防曬油（當有需要時就補充）
- 1 × 赤腳走在沙灘上
- 1 × 堆沙堡

休息一下，讀丹娜・福爾德茲（Dana Faulds）的詩〈放下〉（*Let it Go*）。

＊ 如果在熱帶的環境，建議可以來一趟浮潛，提升正念的樂趣與治療的效益。

附註：

看到的海洋生物：

聽到的聲音：

海邊尋寶的發現：

驚奇的見證：

獲得的洞察：

夏日的一天

一片綠油油的草坪正等著你，去那裡，躺在與天空相連的廣闊草坪上，看雲飄過、看著草跟草之間，聽樹上的風和鳥。

你在那裡了嗎？

「誰創造了世界？

誰創造了天鵝和黑熊？

誰創造了蚱蜢？

蚱蜢，我指的是——

跳出草叢的這一隻，

正在我手中吃糖的這一隻，

正在前後移動她的大顎，而不是上下移動的這一隻——

正在用巨大的複眼四處張望的這一隻。

現在她正抬起柔弱的前臂，仔細洗淨她的臉。

現在她張開翅膀，飛走了。

我不能確定禱告是什麼。

我只知道如何專注，如何跌入草叢中，如何跪在草地上，

如何無所事事並享受幸福，如何在田野漫步，

這是我整天都在做的事。

告訴我，我還需要做些什麼？

萬物最終不都難逃一死，且生命匆匆？

告訴我，你打算做什麼？

<u>用你瘋狂而寶貴的一生。</u>」

——*瑪莉・奧利佛*，*〈夏日〉*（*The Summer Day*）

1901

「成千上萬疲憊、神經緊張且過度文明化的人們開始發現，
回歸山林就是回家；野性是一種必需品；
國家公園和保留區的功能不只可以作為樹木保育或涵養水流，
而是可以作為生命的根源。」
——約翰·穆爾（約1901年）

列出你想去的國家公園清單（國內或國外）：

⬡ ....
◯ ....
⬡ ....
◯ ....
⬡ ....
◯ ....
⬡ ....
◯ ....
⬡ ....
◯ ....
⬡ ....
◯ ....
⬡ ....

訂出計畫，去過了就打勾。

原路返回

跟一位好朋友一起到公園或森林散步，沿路聊天並在需要的時候使用手機。

在某個地點掉頭，沿著原路走回去，這次兩人都不說話並關掉手機。

朋友的姓名：

一起討論你們的經驗。

回程的路上有什麼不一樣嗎？

有　◯
沒有　◯

如果有，為何如此？

閉著眼睛畫花束

抓一支鉛筆，閉著眼睛，憑記憶畫花束。<u>不准偷看喔</u>！只要稍微等待……釋放你內在的藝術家。

將鉛筆放在這裡開始畫

在這一頁試第二次：

現在，為你的畫圖上顏色——張開眼睛。

星夜

在一個晴朗的夏日夜晚，靜坐仰望天空，越晚星星會越多，連宇宙都會對你揭露它自己。

✳ 你能數出多少，就在這裡畫出多少星星，還要注意流星。

○

北極星

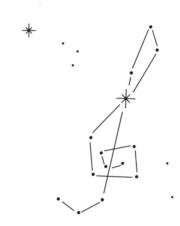

現在該休息了，聽一下這些跟夜空有關的曲目：

飛越宇宙（*Across the Universe*）—披頭四（The Beatles）
月光奏鳴曲（*Moonlight Sonata*）—貝多芬（Beethoven）
站在我身邊（*Stand by me*）—班·伊·金（Ben E. King）
夜曲（*Nocturne Op.9 No.2*）—蕭邦（Chopin）
月之舞（*Moondance*）—范莫里森（Van Morrison）
在某個地方（*Somewhere Out There*）—飛利浦·葛雷瑟（Phillip Glasser）和貝琪·卡斯加特（Betsy Cathcart）飾演偉福和譚雅·奇偉茲（Fievel and Tanya Mousekewitz）

樹的生命

從樹根到樹冠然後到整個樹蔭，樹是悄無聲息的奇景。找一棵令你欣賞的樹，坐下來，靠著樹幹，思索樹的一切如何運作。

1. 每一片葉子都是歷經等待生長信息（白天變長、下更多雨、空氣變得更溫暖）的休眠季節之後，由樹芽開始生長。

2. 雨滴流經樹木進入土壤。

3. 土中的岩石溶出礦物質。

4. 為了尋找水跟礦物質，樹根會扎得又深又廣。

5. 樹幹將一切連接在一起，架設起讓水和營養流通的高速公路，讓樹長得又高又壯。

6. 水、空氣、陽光結合成千上萬片樹葉中的葉綠素，一起為樹提供養分並釋放出乾淨的氧氣。

⑦ 鳥會在樹的頂端築巢，以躲避牠們的敵人，會在樹上覓食、享用大餐——可愛的害蟲；有些還會飛到更遠的地方，不知不覺就替樹種下種子。

⑧ 當秋天來臨，樹葉會失去它們的光澤飄落到地上，落葉會保護土壤不被沖刷流失。

⑨ 喜愛陰暗、潮溼的貪吃動物，將為周圍的土壤施肥。

⑩ 在地表下，有微生物和爬行動物努力工作，不斷分解落葉、翻動土壤。

周而復始……不斷回收自然的營養：然後每到新的一年，在年代久遠的樹幹內，又會有新的年輪產生。

出去玩

小孩會用有趣又好玩的方式跟自然互動，我們也可以那樣做。在下面的清單中勾選出你想做的事，再加上你自己的選項，然後，就去做吧！

◯ 走過秋天的落葉

◯ 用手掌接住

◯ 戴櫻桃耳環

櫻
～
花
～

◯ 做一個雪天使

◯ 做一個雪人

○ 吹草笛

○ 爬樹
　（風險自負！）

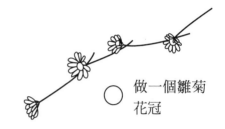

○ 做一個雛菊
　花冠

○ 順著草坡滾下去

○ 摘雛菊的
　花瓣

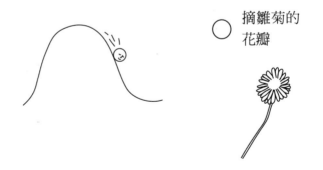

＊＊＊ *保持好奇心* ＊＊＊

深藍海洋

大海是某些迷人的動植物的家，替下方的海底世界塗上色彩，研究這些充滿特色的生物，為牠們塗上適當的顏色。

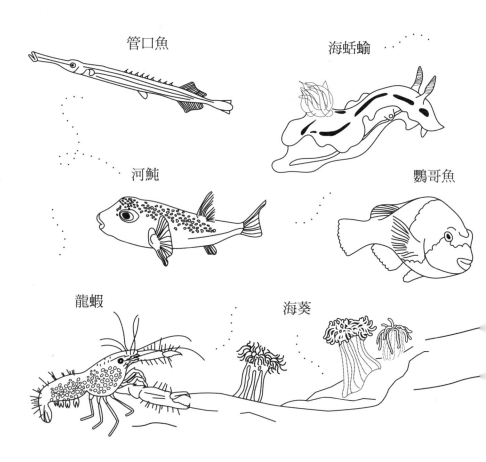

管口魚

海蛞蝓

河魨

鸚哥魚

龍蝦

海葵

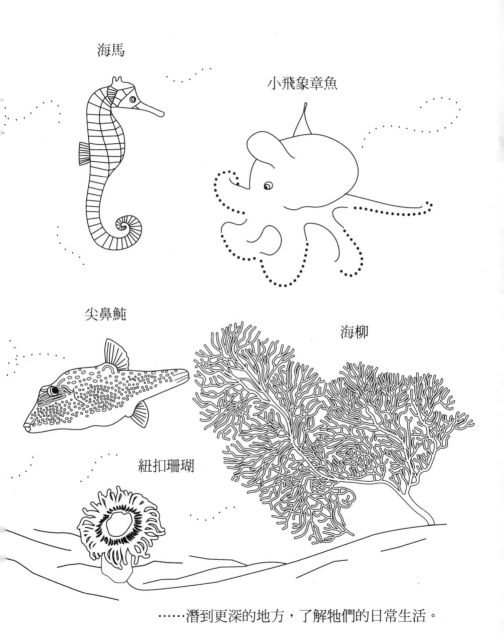

海馬

小飛象章魚

尖鼻魨

海柳

紐扣珊瑚

⋯⋯潛到更深的地方，了解牠們的日常生活。

藥草園

栽種你自己的藥草園——室內或戶外都好。除了可以為你的餐點增添風味，香草還有某些強力的藥效，替你的葉草鋪做一些調查，在下面記錄它們的功用。

檸檬香蜂草
焦慮、失眠、
蚊蟲叮咬、
腸胃不適。

羅勒

迷迭香

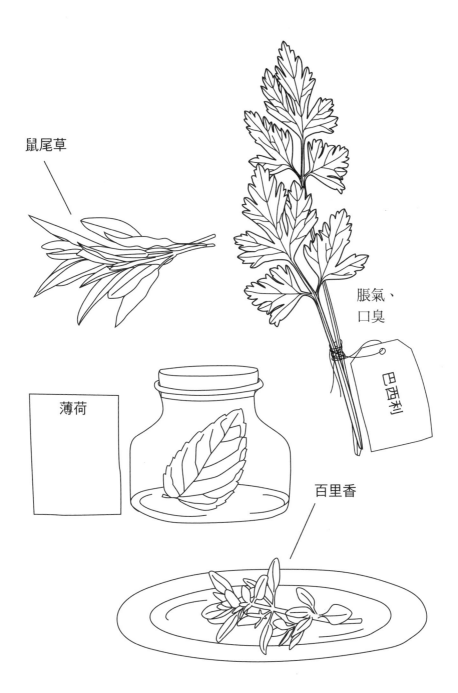

鼠尾草

脹氣、
口臭

巴西利

薄荷

百里香

山岳禪修

山岳的形象會讓我們想到許多值得培養的特質，力量、平衡、沉著的自信……端看山岳讓你想到什麼。依序遵循每一項指示，當你在感覺山的特質時，永遠要回到你的呼吸和身體。

想像它忍受各種天氣……狂風橫掃、暴雨甚至暴雪；想像它歷經冬去春來……夏去秋至。

閉上你的眼睛，想像遠方的山，想像它一天當中不同時候的樣子……日昇日落……在月光下。

起點

↓

讓你的身體坐得又直又高……變成你的山岳，透過呼吸找到你的核心。

即使經歷這一切，山岳依舊挺立，不論遭遇
什麼都一樣從容，再平凡不過的事物都能為
它帶來喜樂——一朵花的綻放、春日的暖
陽、夏日的羊群在山邊快樂地梳洗。

看你能否體現一樣自在的當下，每一刻都感
到踏實，無論發生什麼事都能維持呼吸，知
道壞天氣會過去、季節會轉變，而你可以像
山一樣沉靜。

「眾鳥高飛盡，孤雲獨去閒，
相看兩不厭，只有敬亭山。」
——李白

用你喜歡的方式為你的山塗上顏色或加上裝飾。

透氣挑戰

連續15天，除了你例行的日常作息，額外花15分鐘待在戶外，享受新鮮空氣。
每次你出去透氣或散步就在下面打個叉。

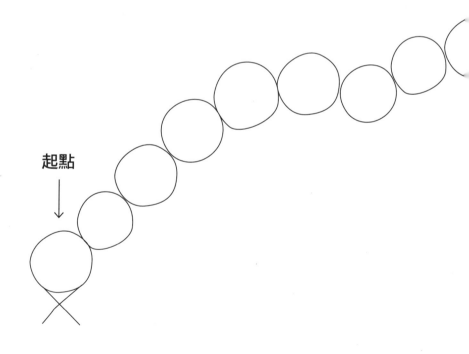

起點

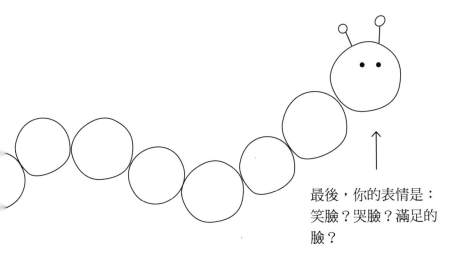

最後，你的表情是：
笑臉？哭臉？滿足的
臉？

鮮花挑戰

連續一個月,確保你最喜歡的房間一直都有新鮮的花,早晨和黃昏都要跟它打招呼——直到它凋謝為止。

在下面的花瓶描繪你最喜歡的花，留下你對它們的記憶。

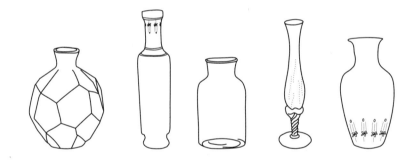

在你丟掉它們之前，跟它們分享這段告別的話：

謝謝你照亮我的日子。
現在是該說再見的時候了。
再見了，願每天都像今天一樣快樂。
很高興曾經有你。

地景聯想

這些地景的特質會刺激我們照見各種情緒、發現、經驗，以及過去與未來的目的地，記下各種地景令你產生的聯想。

森林

山谷

河流

小溪

湖泊

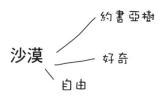

沙漠 — 約書亞樹

沙漠 — 好奇

自由

瀑布

山岳　　　　　　　　草地

丘陵

海洋　　　　　　　　　　　　　　池塘

多花一點時間在 _____，更新你對那裡的感覺。
我最喜歡的地景是 _____。

觀景台

在山頂、山丘的至高點或觀景台──幫自己找一個視野良好的地方──休息一下，隨風呼吸。

「樹的美麗，
空氣的柔軟，
草的芬芳，
對我說話。
山的頂峰，
天空的雷電，
海洋的節奏，
對我說話。
火的力量，
鮭魚的味道，
太陽的軌跡，
還有不曾遠離的生命。
他們對我說話。
我的心也隨之起舞。」

──契夫・丹・喬治（*Chief Dan George*）

省思

一個理想的生活目標：

....

一個妙想天開的願望：

....

記住這一刻的感覺：

....

....

....

....

....

....

夜遊

在一個滿月的夜晚外出散步，留意黑暗中不同形狀的陰影；偶爾靜下來，關掉你的手電筒，當你的眼睛適應了黑暗，你會看到更多、更多⋯⋯。

在黑暗中⋯⋯

⋯⋯像一隻狐狸一樣，去聽。

⋯⋯像一條狗一樣，去聞。

⋯⋯像一隻貓的鬍鬚一樣，去感覺。

⋯⋯像一隻貓頭鷹一樣，去看。

「藉著皎潔的月光，
我可以看清小路上的每一顆石頭和每一片草葉。」
——艾蜜莉・勃朗特（Emily Brontë）

在家渡假的
拼貼遊戲

製作一幅拼貼畫，讓你能夠想起你最愛的自然。

將印有自然景色、花草樹木的雜誌內頁，或擷取了自然感覺要素的花紋或文字……剪下來，貼在這裡。

還要加上你自己的照片、紀念品或其他你找得到的東西。

將頁邊填滿

將頁邊填滿

當你不能出門時，你可以在這裡想像一次在家的自然渡假。
去呼吸、去看、去感覺和放鬆。

自然禮品店

這邊有一些可以用來贈送家人或朋友，
很容易製作或收集的禮物提案：

薰衣草香包　　　　　　　海鹽和蜂蜜面膜

百花香　　　　　　　　　用樹枝做的相框

鳥類餵食器　　　　　　　一起散步或野餐的禮券

種苗或植物　　　　　　　寫一首跟自然有關的詩

新鮮水果籃　　　　　　　取自108-109頁的藝術作品

貝殼　　　　　　　　　　自製綜合果麥

特別的石頭　　　　　　　海邊渡假時收集的沙子

押花賀卡　　　　　　　　進行自然小旅行時的照片

野花花束　　　　　　　　卡典西德壓花書籤

摘採花草茶

乾燥花

「所有美好的事物都是狂野而自由的。」

　　　——亨利・大衛・梭羅

祕密種子

松果內藏有樹的種子，你可以收集這些種子，種出小樹，只要你提供足夠的耐心跟照顧。

1. 在夏末秋初的月份，到一個有很多松樹的森林。

2. 收集還沒有完全打開的松果——越多越好。剛從樹上掉下來的松果需要保存在溫暖的環境中，或藉由陽光的照射才能打開。

3. 一旦打開了，你可以用松果頂端去敲擊堅硬的表面，把種子搖出來。

4. 要在這些帶著翅膀的奇蹟中，找出最有可能發芽的，就得將它們在水裡浸泡一個晚上（先移除翅膀），沉下去的就是最好的候選人。

5. 這些勝利者還需要經歷冬天。所以要將它們用潮濕的紙巾包裹，裝在塑膠袋裡面，在冰箱中保存30至50天。

6. 然後這些種子就可拿去種了。一個小盆子種一顆種子，每個盆子都要裝滿潮濕的土，然後放在有陽光的地方，每天澆水。

7. 在接下來幾個星期，留意生長的徵兆，一旦你的樹苗長到約十五公分高，就可以移植了。

回到你發現松果的森林，選擇一個特別的地方，將其中一棵樹苗種下。

在周圍的地上用石頭圍一圈，或插一根樹枝做記號，有時回來看看它的情況。

P.S. 如果你家附近沒有松樹，也可以做一些調查，試著用其他森林的樹種或植物替代。

方尺之間

在野外找一個地方坐下，可以是草叢或泥地，探索你周圍一平方公尺。看看石頭下面、翻開樹葉、挖開土壤、窺視草叢，留意各種細微的動靜……。

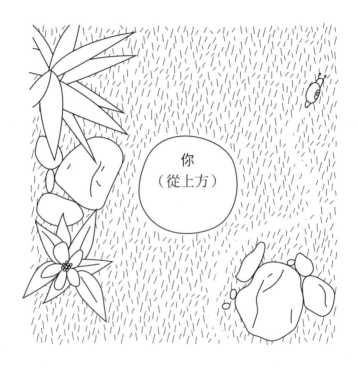

當你完成探索，坐一會兒，思索你下方這一立方公尺的土地。

這裡有完整的交換系統,可以為生物提供營養,隨便一把表層的土,都有比地球人類數量還多的微生物。

壓花

去散步並沿路尋找野花，收集它們，把它們夾在這本書或其他書裡面，放置一個晚上。

等變乾了之後，將它們貼在這幾頁，要增加多少花卉朋友，完全依你的喜好。當你回顧這些野生藝術作品時，要細細品味它們的美麗，以及它們帶給你的震撼感受。

TIP：為了保護你的花，可以在每一頁覆蓋一張蠟紙。額外的壓花可以做成自然賀卡。

天氣散步

不要只從窗戶觀察天氣，還要走出去以各種方式連結它帶給你的各種感覺。

雨天散步：滴滴答答打在雨傘上的雨、穿雨鞋去踩水窪、感謝在屋頂和窗戶上的水滴。

春光漫步：步行穿越公園、隨處綻放的花朵、潮濕泥土的氣味，樹上的新芽，真好！

雪中飄流：樹上的蓬鬆積雪，在腳下嘎吱作響的結冰，呼出的霧氣在空氣中飄散，禦寒衣物和防寒準備……讓寒冷變得容易忍受。

狂風／大風散步：頭髮被吹得亂七八糟……
別在意！套上令人安心的溫暖外套，刺痛的臉頰，呼吸──迎著風不做抵抗。

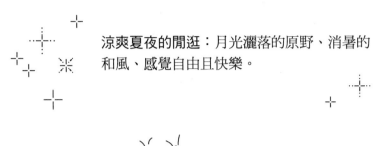

涼爽夏夜的閒逛：月光灑落的原野、消暑的
和風、感覺自由且快樂。

冰雹疾行：

其他天氣冥想：

就像天氣……
「你只需勇往直前，直至沒有感覺。」
——萊納・瑪利亞，里爾克（*Ranier Maria Rilke*）

大自然的氣味

大自然充滿了美好的氣味——不單只有薰衣草、玫瑰和春天割過草的清香。開始探索各種氣味，如樹葉、樹皮、木頭、泥土、田野、藥草……甚至泥沼。

在這個頁面摩擦物體
以捕捉氣味。

注意！你的感覺是通往當下的大門，當你開始胡思亂想時，捉住
自然的一角，閉上你的眼睛，讓你的嗅覺帶你回到現在。

驚奇之窗

與在窗外的自然連結：不論在家或出門。看看你可以隨後進一步觀察的景色，或許就像車上、飛機上或火車上的乘客。觀看陽光和陰影、質感和顏色、被風吹動的樹木、雲的飄移、在原野休息的動物……就從你目前所在的地方，接收各種驚奇。

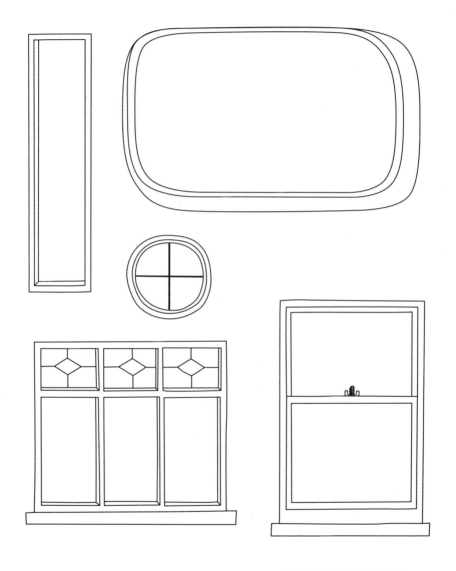

畫下你最難忘的景象。

給大自然的感謝小紙條

自然提供了這麼多值得感謝的事物，每當你產生想感謝某個自然奇蹟的情緒時，就在這裡簡單寫下你的感謝小紙條。

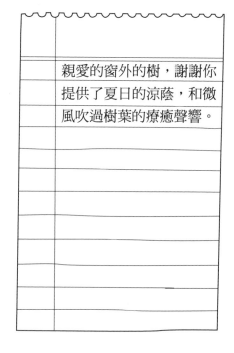

感謝提供了羊毛的羊，讓我得以擁有最愛的冬季毛衣。謝謝你提供的所有喜樂和溫暖！

親愛的窗外的樹，謝謝你提供了夏日的涼蔭，和微風吹過樹葉的療癒聲響。

感受時間

走進自然時，將這個日晷帶在身上，當在你探險或者休息的時候，利用它去追蹤太陽的移動跟奇蹟。

如何使用它：

① 在日晷的中心插入一支「可彎吸管」——可彎的部分朝下，塞到這本書後面的下方。

② 旋轉這本書，讓吸管指向正北方。

③ 正面應該要往上調——調到刻度對準現在時間的角度。

註：這個日晷的設計是配合北半球的夏日時間（日光節約時間），冬天仍可以使用——但需要測試並找出使用方法。

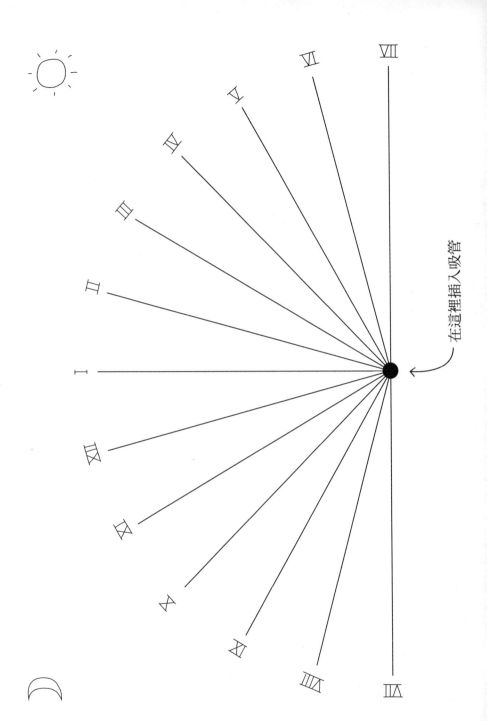

在這裡插入吸管

內在與外在宇宙

練習將你的意識從呼吸擴展到整個身體，去想像並感覺周圍的所有空間。閉上眼睛，當你想像跟感覺的時候……

……你所在的國家

……你所在城鎮的全部區域和在其中的所有人。

……你所在房間的空間。

……你的呼吸和你的身體所處的位置。

起點

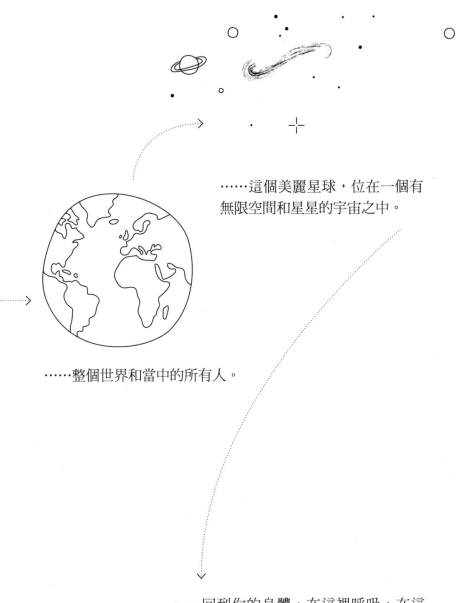

……這個美麗星球，位在一個有無限空間和星星的宇宙之中。

……整個世界和當中的所有人。

……回到你的身體，在這裡呼吸，在這個當下，掌控這個空間的一切。

向你的原始問好

人的身體是自然界最神奇的作品之一，這裡有些方法可以讓你注意到身體組織的生命力。

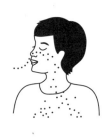

當你注意呼吸的感覺時，將一隻手放在你的腹部，閉上眼睛。

將雙手放在大腿上，手掌朝上或扣在一起都可以，將注意力放在感覺手的周圍和內側。

出門在外時，把你的腳當成是回到當下的通道，不時探望並感覺你在地上的雙腳，看它們如何在每個步伐間帶著你移動。

坐下來，閉上眼睛，留意在閉上的眼皮後面閃動的小色塊，然後緩緩張開眼睛，讓光線照進來，看看四周，想起我們能夠看見是多麼神奇的一件事。

坐著不動，經由胸口或脈搏感覺你的心跳，感覺每一次的跳動。然後站起來，稍微快走一下，再坐下來，感覺你的心跳現在變得多快，你的身體整天都在工作呢！

155

自然酷知識

培養自然知識可能也是一種能喚醒我們震撼感受的方式，在下面的酷知識清單中加入更多的零碎知識。

✳ 人體內血管的長度總和平均超過<u>97,000公里</u>。

↗ 海獺身上有一個皮囊，可以藏牠們最喜歡的、用來打開貝殼的石頭。

↗ 鯨魚和山羊都會說「方言」。

✳ 日本錦鯉可以活到<u>226歲</u>。

✳ 烏鴉可以認人並模仿人的聲音。

↗ 草剛被割下的味道其實是某種昆蟲的呼救信號。

「又見面了，達芙妮！」

↗ 乳牛跟最好的朋友分開時會發出求救信號。

✳ 飛越撒哈拉沙漠的塵土會成為亞馬遜雨林的
　肥料。

✳

↗

✳

✳

↗

知覺沙拉

在你家附近的商店買以下的蔬菜：芹菜、紅蘿蔔、黃瓜、番茄。
將它們切片，欣賞它們內部的對稱紋理。

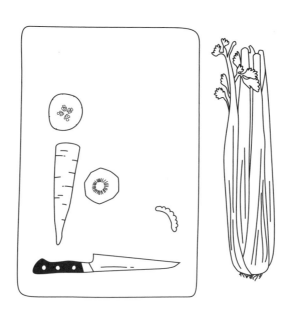

在這裡把它們畫下來，過程中，留意它們的質感跟香氣。

畫完之後，溫柔地將每一片都放入沙拉碗中，加上油、醋和佐料調味⋯⋯然後用正念的方式好好享用。 :)

生命學堂

大自然處處透露著偉大的智慧——只要我們停下來傾聽。大聲念出下面的生命教誨。

天空說：
用開放的態度面對發生的事，明天永遠是新的一天。

大樹說：
迎風搖曳，學會放手，相信你的力量。

花朵說：
在落地之處綻放，抓住滋養你的事物。

海洋說：
風暴總會過去，別對抗潮流。

溪流說：
順著水流，恣意漫遊，道路自然會出現。

岩石說：
無論我走到哪裡，我就在那裡。

走進自然

剪下下方的提醒小卡並塗上顏色，放在你的錢包、桌上或床頭。散步時帶著它，在風景優美的地方，把它當成前景跟它一起拍照，跟其他人分享你的自然正念時刻。

小宇宙大世界

拿一個放大鏡或一副望遠鏡，拉近探索自然的距離。

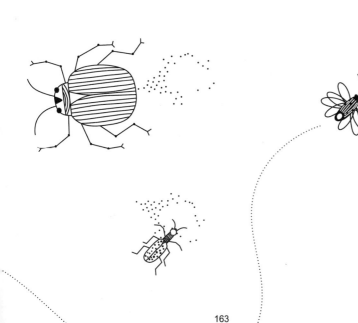

樹形觀察

不同的樹種有不同的生長習慣，在接下來的幾週，當你在外面看到樹的時候，注意不同型態的樹種——參考下方的插畫。只要發現跟下方插畫一樣的樹種，就替它塗上顏色。

瓶狀　　　錐狀　　　垂枝形　　　不規則形

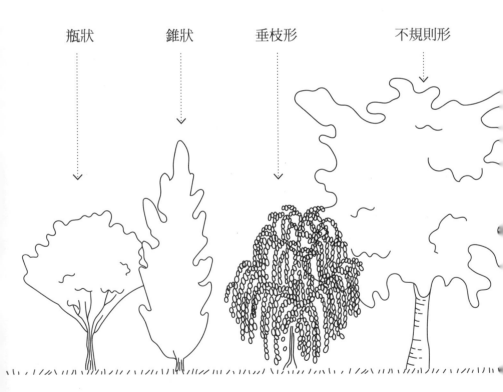

開放形　　噴泉狀　　鵝卵形　　金字塔形　　　扇形

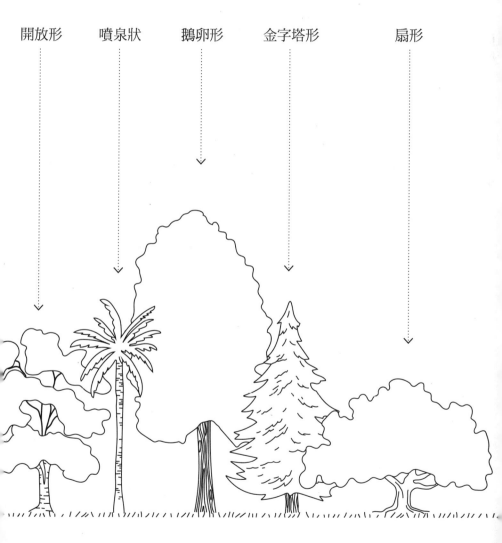

大自然超市

「覓食」這個字的意思是指在野外採集食物（可食用的植物、花卉和菇類）的行為，過去在森林或野地覓食也是一種生活的方式。現在就走出門，到大自然的野生超市替你自己採集一些東西吧！

菇類

牛肝菌

莓果

草莓

沙拉葉

蒲公英葉

堅果

甘栗

食用花卉

玉蘭花

野生葉草

野蒜

茶葉或花精

蕁麻

＊！注意：要確保你知道自己
採集的是什麼，因為有些
東西看起來很好吃卻可能
很致命。

石頭拼字遊戲

地球上有許多岩石和寶石——它們自然最珍貴寶藏的一部分。在維多利亞時代，會利用戒指或首飾上特定寶石名稱的第一個英文字母，來拼出祕密訊息。

下方所列出的寶石，只要第一字母拼起來就變成了「nature」，請為它們塗上與實物相符的顏色。

N ⬡　　acre（珍珠母貝）

A ⬡　methyst（紫水晶）

T ⬡　urquoise（綠松石）

U ⬡　vite（電氣石）

R ⬡　uby（紅寶石）

E ⬡　merald（祖母綠）

「我相信上帝，只不過我稱祂為大自然。」
——法蘭克・洛伊・萊特（*Frank Lloyd Wright*）

拼出包含其他石頭的訊息，並在這裡著色。（需要的話可以多畫一些）：

扮演你的角色

我們越了解自然就越清楚萬物都息息相關，地球處在一種微妙的平衡，所以任何生活型態的小改變，都會在供應鏈或食物鏈引發連鎖反應。

取得資訊，尋找課程，扮演你的角色。
下面的紀錄片清單可以幫助你踏出第一步。

- 海洋（Oceans）
- 不願面對的真相（A Inconvenient Truth）
- 小鹿斑比（Bambi）
- 藍色使命（Mission Blue）
- 時尚代價（The True Cost）
- 食品帝國（Food Inc.）
- 東西的故事（The Story of Stuff）
- 畜牧業的陰謀（Cowspiracy）
- 垃圾圍城（Trashed）
- 血色海灣（The Cove）
- 地球上的生靈（Earthlings）
- 追逐靜默（In Pursuit of Silence）
- 對世界放手（How to Let Go of the World and Love All the Things Climate Can't Change）

你可以做出什麼改變？

例如：

議題：
在我們的海洋有一片垃圾帶，面積超過300,000平方英里，這些塑膠垃圾影響了海洋生物及鳥類的生存。

我的角色：
減少塑膠的使用，做資源回收，捐款贊助海洋清理組織（The Ocean Cleanup Fund）。

議題：
....
....
....

你的角色：
....
....
....
....
....

你的理由：

動物連結

動物是自然的中心，牠們就生活在我們周遭——不論在鄉村和城市。試著用下列方法跟牠們連結，看看這些方法如何使你的生活變得更加豐富。

    – 花一點時間盯著一隻螞蟻。
    – 在公園餵一隻麻雀
    – 在家裡追蹤一隻蜘蛛，並放牠走。
    – 在你的公園欣賞一隻天鵝和各種品種的鴨子。
    – 走訪一座農場，跟豬、雞、驢、羊打招呼。
    – 幫忙遛狗或照顧寵物。
    – 認識鄰居的貓。
    – 拜訪動物保護區或收容所。
    – 在街上跟一隻狗親近。
    – 在你的窗戶外面掛一個餵鳥器。
    – 培育一隻蝴蝶。

以虛擬的方式連結：

- 觀看自然紀錄片——《大地》（*Terra*），《探索世界脈動》（*Planet Earth*），《生命脈動》（*Life*）等BBC紀錄片。

- 訂閱渡渡鳥（*The Dode*）或其他動物影片網站。

- 在臉書追蹤動物明星（例如：My Best Friend Hank或Norbert）。

- 下載貓的呼嚕聲APP（例如：Purrli）。

- 參觀博物館或動物主題的藝術展覽。

- 訂閱一份自然雜誌，如《國家地理雜誌》（*National Geographic*）。

快樂營火

火有某種魔力，長久以來，這股點燃稀薄空氣所產生的力量滋養了無數的生命與生活。

以下是你要自己架設營火時所需要的物品清單。

1. 引火物：乾草、紙、樺木樹皮、棉球等，別堆得太緊。

2. 引火材：較細的木材或細枝、乾草、雪松樹皮等，架成錐狀圍在引火物的上方。

3. 點火器的選擇：

× 火材 　　× 放大鏡
× 鑽木取火 × 打火石或點火器
× 手搖鑽

4. 柴火：較粗的乾柴或段木，從小的開始放，火需要空氣。

召集你的朋友，拿出你的吉他，或者遵循176頁的火焰禪修指示。

＊！注意：在你開始之前，先確認該地區關於升火的安全規範。

火焰禪修

感覺：

感受火散發的溫暖，感受這股溫暖在你的臉頰、你的雙手和身體的其他部分。小心地靠近它，然後再遠離它。

聞：

將注意力放在火的氣味，一段時間之後，還可以聞煙的味道，讓它沾到你的衣服上，為隔天捕捉氣味。

聽：

留意火的聲音，劈啪作響的聲音，木頭在燃燒時發生變化的聲音。

看：

凝視火焰，研究木炭燃燒的顏色……火焰舞動的樣子，注意火如何不斷地變化。

品嚐：

在火的上方烤棉花糖。
然後吃掉它。

火會喚起什麼樣的情緒？懷舊、感激、記憶、夢想……。運用下方的空間去記下你想到的事，將每一片都投入火中。

想放手的事……

想實現的願望……

想分享的感謝……

想留住的記憶……

田野日誌

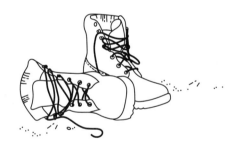

田野筆記

為了完成這本書中的特別練習，定期花時間探索偉大的自然，讓你自己真正**沉浸**在自然環境中。

你不需要走太遠或到任何地方，只要在公園散個步、去山丘健行、坐在溪邊或躺在樹下，也都可以修持正念，獲得啟發。

這裡有一些探索與連結方法的訣竅。

◯ **正念探索**：將「正念漫遊」的步驟應用在不同的地點／行程。記住「允諾、目的、注意力和態度」是關鍵。（參閱22頁）

◯ **放慢腳步**：練習正念行走，感受你的腳踩在地上的每一步，將你的注意力維繫在你內在與外在世界。調整你的步調——看看如果你行走的速度是正常的一半會怎樣；然後還可以走得更慢。

◯ **坐一會兒**：你不需要一直移動，你也可以只是找個地方坐下或躺下來，感受你周圍的空間，運用你的感官，從你的所在之處開始探索。

接下來的「田野筆記」頁面正是設計用來記錄你的探索跟經驗。（可以列印空白的格式持續使用。）

「我造訪自然是為了接受撫慰與治療，
還有讓我的感官得以重整。」
——*約翰‧巴勒斯（John Borroughs）*

一旦順利，正念漫遊者！
願你找到心靈的平靜和與自然連結的感受……

田野筆記
（範本）

主要資訊

出發日期／時間	返家日期／時間
12月11日　11:00	12月11日　18:00

行程／目的地：	地形及特徵（河流、海洋、森林等等。）：
南唐斯大道（The South Downs Way）。 從赫索克斯（Hassocks）開始， 在奧夫罕（Offham）結束， 回程搭火車 經由雷威斯（Lewes）	沿著大眾步道順著溪流走到丘陵的底部，在遊樂區停留，上山之前稍微游一下泳。溪流從這裡開始出現高低起伏、有放牧區，可以看到海，還有南邊，最後結束在陡峭的下坡。

總移動距離：
7.7英里

平均速度：

```
        0
1     3
        6
    2
5  7 (4)  9
      8
        10
```

外部天氣：

微涼的空氣，澄淨的天空，微風。

內在天氣：

新的路線讓人緊張，游泳很好玩，山頂令人感到自豪。

發現

看：
四周都是壯闊的景觀。月亮在傍晚升起。

聲音：家庭的歡笑聲／步道的人聲。海鷗。

聞：
牧場動物的味道！草。

感受：傍晚變冷。下坡時腿感到有壓力。

帶回來的寶物
- 灰羽毛
- 樹上的蘋果

發現野生動物：
羊！很多人、馬和鳥。

附註／插圖：

手很溫暖，臉頰很冷。

看到紅隼
在郵筒上

感謝與洞察：
涼爽的秋日不會讓我想待在室內。
感謝山峰跟不同的視野。

田野筆記

主要資訊

出發日期／時間　　　　　　　　返家日期／時間

行程／目的地：　　　　　　　　地形及特徵（河流、海洋、森林等等。）：

總移動距離：

平均速度：　　　0　　　　　　　　外部天氣：

1　　　3　　　　　　　　　　　　　　內在天氣：
　　　　　　6
　　2
5　　7　　4　　9
　　　8
　　　　　　10

發現

看：

聲音：

聞：

感受：

帶回來的寶物

發現野生動物：

附註／插圖：

感謝與洞察：

田野筆記

主要資訊

出發日期／時間　　　　　　　　返家日期／時間

行程／目的地：　　　　　　　　地形及特徵（河流、海洋、森林等等。）：

總移動距離：

平均速度：　　　0　　　　　　　　外部天氣：

1　　　　3　　　　　　　　　　　　内在天氣：

　　　　　　6

　　2

5　　7　　4　　　9

　　　8

　　　　　10

發現

看：

聲音：

聞：

感受：

帶回來的寶物

發現野生動物：

附註／插圖：

感謝與洞察：

田野筆記

主要資訊

___

出發日期／時間   *返家日期／時間*

___

行程／目的地：   *地形及特徵（河流、海洋、森林等等。）：*

總移動距離：

平均速度：   0   *外部天氣：*

1   3   *內在天氣：*

        6

   2

5   7   4   9

      8

        10

發現

看：

聲音：

聞：

感受：

帶回來的寶物

發現野生動物：

附註／插圖：

感謝與洞察：

田野筆記

主要資訊

出發日期／時間	*返家日期／時間*

行程／目的地：	*地形及特徵（河流、海洋、森林等等。）：*
總移動距離：	

平均速度：

```
          0
1      3
            6
   2
5    7  4   9
      8
          10
```

外部天氣：

內在天氣：

發現

看：

聲音：

聞：

感受：

帶回來的寶物

發現野生動物：

附註／插圖：

感謝與洞察：

_____

_____

走進自然：滋養身心的正念幸福手冊 / 正念計畫（The Mindfulness Project）；歐騰‧圖同（Autumn Totton）、亞里珊卓‧凡瑞（Alexandra Frey）作；林貞嫻譯 .-- 初版 .-- 臺北市：時報文化, 2019.04

面；　公分 .--（人生顧問；351）

譯自：Into nature : mindful ways to unplug and reconnect

ISBN 978-957-13-7702-5（平裝）

1. 靈修

192.1　　　　　　　　　　　　　　　　　　　　　　　　　　　　　　108000264

CFY0351

走進自然：滋養身心的正念幸福手冊

作者　正念計畫：歐騰‧圖同、亞里珊卓‧凡瑞（The Mindfulness Project: Autumn Totton & Alexandra Frey）｜譯者　林貞嫻｜主編　李筱婷｜責任企畫　藍秋惠｜美術設計　兒日｜發行人　趙政岷｜出版者　時報文化出版企業股份有限公司　10803 台北市和平西路三段 240 號 7 樓　發行專線—(02)2306-6842　讀者服務專線—0800-231-705 · (02)2304-7103　讀者服務傳真—(02)2304-6858　郵撥—19344724 時報文化出版公司　信箱—台北郵政 79-99 信箱　時報悅讀網—http://www.readingtimes.com.tw｜法律顧問　理律法律事務所　陳長文律師、李念祖律師｜印刷　勁達印刷有限公司｜初版一刷　2019 年 4 月 26 日｜定價　新台幣 280 元｜缺頁或破損的書，請寄回更換

時報文化出版公司成立於一九七五年，
並於一九九九年股票上櫃公開發行，於二〇〇八年脫離中時集團非屬旺中，
以「尊重智慧與創意的文化事業」為信念。